Ist das Leben ein Zufallsweg?

Ist das Leben ein Zufallsweg?

Harold Klemp

ECKANKAR
Minneapolis

Ist das Leben ein Zufallsweg?

Gedruckt in USA

ISBN: 1-57043-194-9

Mit besonderem Dank an alle,
die an der deutschen Ausgabe mitgearbeitet haben.
Für sie war es ein Geschenk der Liebe.

Das bei diesem Buch verwendete Papier erfüllt die Mindestanforderungen des American National Standard for Information Sciences – Haltbarkeit von Papieren für Drucksachen, ANSI ZN39.48-1984.

Einleitung

Ist das Leben nur ein Zufallsweg? Manche Analysten denken das über die Börse. Vielleicht ist diese Voreingenommenheit eine Begleiterscheinung ihrer Sicht des Lebens. Wer weiß?

Andere, darunter auch ich, sagen, dass das Leben einer natürlichen Ordnung folgt. Es ist vorhersagbar. Obwohl sich die Geschichte, was Zeit und Ort betrifft, vielleicht nicht in einem exakten Muster wiederholt, reimt sich die Gegenwart oft auf vergangene Ereignisse.

Was meinen Sie?

Wenn Sie den starken Wunsch haben, einen besseren, direkteren Weg zu Gott zu finden, dann lesen Sie weiter. Die Wahrheit, die Sie suchen, kann zum Greifen nah sein.

Ist das Leben ein Zufallsweg?

Ich war bei der Post, als ein Vater mit seiner kleinen Tochter hereintrat. Die Kleine begann im Vorraum hin und her zu laufen und hielt einen Schlüssel fest in der Hand.

Als ich zu meinem Postfach ging, um die Post herauszuholen, folgte mir das kleine Mädchen und beobachtete mich mit aufmerksamem Blick, als ich einen Schlüssel in das Schloss steckte und es aufschloss. Sie schien von dem Vorgang fasziniert zu sein. Es war offensichtlich, dass sie ihren Schlüssel ohne Erfolg an etlichen Postfächern ausprobiert hatte.

Der Schlüssel der Gelegenheit

Sie stand da und starrte mich an, als ich mein Postfach wieder verschloss.

Inzwischen hatte ihr Vater seine Besorgungen erledigt und wollte gehen.

Er nahm sein kleines Mädchen hoch, ging zur Tür, drehte sich dann um und sagte: “Wenn man in diesem Alter ist und einen Schlüssel hat, ist die ganze Welt ein Schloss.”

Ich dachte darüber nach und versuchte, die spirituelle Botschaft zu verstehen. Sie lautet: Die ganze Welt ist eine großartige Gelegenheit, ein Geheimnis für ein Kind, etwas, das man mit einem Schlüssel aufschließen kann, um zu entdecken, was es alles gibt.

Haben Sie einen solchen Schlüssel? Wie funktioniert er?

Eine Suche nach Antworten

Wer bin ich? Was bin ich? Warum bin ich hier? Wohin gehe ich? Wann? Und wie?

Fragen über Fragen — aber gute Fragen.

Auf der Suche nach Antworten auf diese Fragen begegnen Sie den wahren Geheimnissen von Leben und Tod von Angesicht zu Angesicht. Sie bringen das wahre Wissen ans Licht, das den größten Gelehrten der Hauptreligionen entgangen ist.

Sie stehen bereits jetzt am Anfang einer neuen Reihe von Entdeckungen.

Wie lautet die uralte Lehre von ECK? Was beinhaltet sie? Kann sie Ihr Leben verbessern? Einen besseren Menschen aus Ihnen machen? All dies sind Fragen, die Sie sich möglicherweise irgendwann aus gutem Grund stellen. Vielleicht heute.

Hilf mir, mich zu erinnern, wie Gott ist

Während der Massenzerstörung, die der Hurrikan Andrew im August 1992 im südlichen Florida anrichtete, verloren viele Menschen ihr Zuhause und all ihr Hab und Gut. Auch einige ECKisten bekamen die Wucht der Zerstörung zu spüren. Eine solche ECK-Familie fand Unterschlupf bei einer anderen Familie, bis das Geld von der Versicherung ihnen ermöglichte, wieder ein eigenes Heim zu beziehen.

Ihre Gastgeber erzählten eine Geschichte über ihr vierjähriges Mädchen und ein neugeborenes Baby in der Familie. Kurz nachdem das Neugeborene aus dem Krankenhaus nach Hause gebracht worden war, hatte das kleine Mädchen der Gastgeber eine Bitte. Könnte sie bitte ein paar Momente mit dem Baby allein sein? Zunächst widerstrebte das den Eltern. Sie befürchteten Rivalität unter Geschwistern und fragten sich, ob sie dem Säugling möglicherweise etwas antun würde. Aber die Vierjährige bettelte immer wieder, dass sie das Kinderzimmer verlassen und sie bei dem Neugeborenen lassen sollten.

Die Eltern gaben nach, aber erst, nachdem sie die Lautstärke des Babyphons höher gestellt hatten.

(Vertrauen Sie Gott, aber stellen Sie das Babyphon laut.)

Sie hörten von einem anderen Raum aus zu und waren darauf vorbereitet, falls nötig, sofort ins Kinderzimmer zu stürzen. Statt verstörter Schreie hörten sie jedoch die sanfte Stimme ihrer Tochter zu dem Säugling sprechen. Ihre Worte waren wie ein Gebet.

“Baby”, sagte sie, “hilf mir, mich zu erinnern, wie Gott ist. Ich fange an es zu vergessen."

Viele Kinder erinnern sich tatsächlich, wie Gott ist — wenigstens bis sie im Alter von drei, vier oder fünf Jahren in den Kindergarten oder in die Schule gehen. Dann beginnt das Gedächtnis sich zu trüben. Eine gute Erziehung lehrt sie natürlich, verantwortungsvolle Erwachsene in der Gesellschaft zu sein. Doch zugleich geht eine unschätzbare Gabe verloren — das Verständnis eines Kindes von Gott.

Direkte Antworten

Welches auch immer Ihre gewählte Religion oder Ihre Überzeugung ist — diese Wahl ist in diesem Stadium Ihrer Reise heim zu Gott notwendig für Sie. Deswegen halten Sie daran fest.

Ihre Religion oder Überzeugung ist ein wertvoller und wichtiger Teil von Ihnen, weil er alle Ihre Erfahrungen aus vergangenen Leben widerspiegelt.

Unser spirituelles Erbe ist weit reichhaltiger, als ein einziges Leben es jemals machen könnte, und das ist der wirkliche

Grund, warum viele Menschen in dieses Leben mit einer besonderen Gabe oder einem besonderen Talent eintreten, das sie sich offensichtlich nicht erst anzueignen brauchen. Einige Kinder werden sogar mit der Kenntnis einer fremden Sprache wiedergeboren, die ihren Geschwistern fehlt. Eltern, die die Reinkarnation als töricht ansehen, tun solch eine Gabe vielleicht mit einer gedankenlosen Bemerkung wie: "Nun ja, das hat er sicher nicht von uns", ab und lassen es dabei bewenden.

Sie haben keine Ahnung, wo oder wie das Kind zu einer solchen Fähigkeit gekommen ist.

Die spirituellen Gesetze lernen

Jedesmal, wenn ich ein Kind ansehe, sehe ich einen kleinen Erwachsenen. Aus Eicheln wachsen mächtige Eichen. Wenn Ihnen einmal bewusst ist, dass Kinder Seelen sind, die aus einer älteren Zeit und von einem älteren Ort zurückgekehrt sind, gibt es keinen Impuls mehr, herablassend mit ihnen zu sprechen. Auch sie brauchen den heutigen Abschnitt ihrer spirituellen

Reise, ebenso wie Sie und ich.

Manchmal werden sie wiedergeboren, um das Schwert der Angst oder der Macht zu führen, während sie zu anderen Zeiten kommen, um das Gesetz der Liebe zu veranschaulichen.

Ein Kind von drei, vier oder fünf Jahren zeigt eine einzigartige, vielleicht extrovertierte oder abenteuerlustige Persönlichkeit. Aber im Alter von acht bis zehn Jahren kann das Kind plötzlich schüchtern oder zurückhaltend werden. Wenn Sie darüber nachdenken, würden Sie sagen, dass es nicht mehr der gleiche Mensch ist.

Ein kleines Kind erinnert sich oft an die ferne Vergangenheit und mag durchaus davon sprechen.

Eine gute Frage, die man einem Kind von zwei bis vier Jahren stellen kann, ist diese: Was hast du gemacht, als du groß warst? Sie könnten überrascht sein, wenn das Kind unbekümmert in allen Einzelheiten ein vergangenes Leben schildert. Anerkennen sie es als solches.

Wenn Menschen dieses physische

Leben verlassen, steigen sie zum nächsten Himmel, der Astralebene, auf. Manche steigen zu einem höheren Ort auf, dem zweiten oder dritten Himmel. Der zweite Himmel ist die Kausalebene. Der heilige Paulus sprach von einem dritten Himmel. Er ist einer der Bereiche in den oberen Welten, wo die Seelen sich ausruhen, um verschiedene Aspekte der spirituellen Gesetze kennenzulernen — dazu gehört das Gesetz der Liebe.

Die ECK-Bücher zeigen diese Ebenen und Gesetze detailliert auf.

Wie Kinder in ein neues Leben eintreten

Nach einer kurzen oder längeren Ruhepause in den höheren Welten kehren wir als winziges Baby auf die Erde zurück. Der Körper ist so etwas wie ein neues Gefängnis. Dieses Behältnis der Seele ist der schwierigste Teil der Wiedergeburt, mit dem wir umgehen müssen. In der letzten physischen Inkarnation war jemand vielleicht ein Erwachsener in einem durchtrainierten, gut funktionierenden Körper. Nun versucht er, mit Babyfingern Dinge aufzunehmen, und scheitert schon bei dem Versuch. Die Augen mühen sich ab, eine verschwommene Welt scharf zu sehen und ihr einen Sinn zu verleihen, aber noch für einige Zeit bleibt eine Szene ein Gemisch von Schwarzweißschattierungen. Monate vergehen, und die Farbwahrnehmung dämmert herauf. Stück für Stück entwickelt sich der Verstand des Säuglings auf heldenhafte Weise, um das Gehirn dahingehend zu beeinflussen, alles zusammen zu fügen.

Tatsächlich befiehlt der Verstand dem Gehirn: “Okay, jetzt sortiere die Lichtwellen aus und bringe Ordnung in das Chaos.”

Natürlich existieren wir als unser wahres, ewiges Selbst — Seele — jenseits des menschlichen Verstandes. Von den erhabenen Höhen der Seele aus funken wir Marschbefehle an unseren Verstand, der sie im Gegenzug über die Befehlskette zu unserem physischen Gehirn zur Ausführung hinunter reicht. Und so entwickelt sich der Wille. Wir bewegen uns also und handeln. Wir wachsen.

Mit der Zeit lernt der Säugling, Mama und Papa zu erkennen — vage Formen, die als wirkliche Objekte registriert zu werden beginnen. Er weiß, wann das Fläschchen kommt und so weiter. So lernt ein Baby, Dinge in Kategorien oder Ordner einzuteilen.

Die wachsende Fähigkeit des Säuglings, etwas in einem bekannten Fach abzulegen, vermindert seine Angst und macht die Welt zu einem angenehmeren Ort.

* * *

Eine Mutter beobachtete die Art, wie ihr kleiner Junge die Dinge charakterisierte und in selbst entworfenen Kategorien ablegte. Etwa im Alter von zehn Monaten begann er, bestimmte Laute zu imitieren. Einige Zeit später bemerkte die Mutter, dass er jedes Mal, wenn sie an einem Gewässer oder einem Trinkbrunnen vorbeikamen, "Me" sagte.

Eines Tages verstand sie es.

Sie hatte ihm beigebracht, Wasser aus einem Glas zu trinken. Nach jedem Schluck fragte sie: "Mehr?" Das Kind hatte die besonderen Merkmale dieses nassen Zeugs im Glas erfasst und in den falschen Ordner eingeordnet. Es dachte, sein Name sei "Mehr". Also versuchte es jedes Mal, wenn es Wasser sah, es bei diesem Namen zu nennen.

Ein Kind lernt Stück für Stück. Der erste Punkt auf seiner Tagesordnung ist die Bezeichnung der grundlegenden Dinge — wie man die konkreten Objekte in der Welt um einen herum identifiziert.

Wie bekomme ich Gottes Liebe?

Mit der Zeit nehmen Kinder die subtileren Feinheiten des Umgangs mit anderen auf. Wenn sie das Glück haben, liebevolle Eltern zu haben, wird ihnen bald bewusst, dass man, wenn man Liebe bekommt, diese auch geben muss. Liebe ist wie Wasser, weil nur eine bestimmte Menge davon in ein Glas passt. Bevor mehr hineingehen kann, muss etwas herausgelassen werden. Wenn man also nicht ständig Liebe herschenkt, kann nicht "me" hineinkommen.

Die Menschen fragen sich oft: *Wie bekomme ich Gottes Liebe?* Sie bekommen mehr davon, indem Sie anderen von Ihrer eigenen abgeben.

Spirituelle Schule

Alles in allem ist die Erde eine spirituelle Schule. Sie ist von Gott entworfen und errichtet und lässt jeden von uns, jede Seele in dieser Welt, mehr darüber lernen, gottähnlich zu werden — mehr wie Gott zu werden.

Die einzige Bestimmung von Ihnen, mir und jedem Anderen ist es, gottähnlicher zu werden. Das ist unsere Aufgabe oder unsere Bestimmung hier. Das ist der Schlüssel zum Glück.

Die Menschen mögen glauben, dass sie hier sind, um auf der Stelle zu treten, bis am Jüngsten Tag die Posaunen ertönen. Nach dem sie ein leichtfertiges Leben geführt haben, erwarten sie dann, dass der Herr sie zu irgendeiner besseren Welt emporhebt, um sie auch dort eine nutzlose und ichbezogene Existenz beginnen zu lassen.

Nein. Der wahre Sinn des Lebens hier, dort oder überall ist es, ein Mitarbeiter Gottes zu werden.

Unsere vergangenen Leben haben uns Erfahrungen beschert, um uns in einer spirituellen Weise abzuschleifen. Ob es Ihnen gefällt oder nicht, Sie sind jetzt das beste und höchste spirituelle Wesen, das Sie je in irgendeinem früheren Leben gewesen sind. Sehen Sie sich an. Gefällt Ihnen, was Sie sehen? Fein. Aber wenn Sie das Gesicht, das Sie aus dem Spiegel anstarrt, nicht mögen, bedenken Sie, dass dieses Spiegelbild Ihre eigene Schöpfung ist. Sie sind heute die Summe all Ihrer Gedanken, Gefühle und Handlungen in vergangenen Leben.

Ich sagte einmal, dass aufrichtige Menschen, die eine ECK-Veranstaltung — wie einen Einführungsvortrag über die ECK-Lehre — besuchen, aufgrund einer gewissen Unzufriedenheit mit ihrem Glauben oder ihrer Religion kommen. Denn warum sollten sie sonst kommen?

Doch sind sie sich vielleicht nur teilweise der Dringlichkeit ihrer Suche bewusst. Aber die Seele, das Wahre Selbst, hat gehört und sehnt sich danach heimzugehen.

Die Frage ist einfach, wie lange es dauert — vielleicht eine Woche, einen Monat, ein Jahr, fünfzig Jahre, das nächste Leben oder länger —, bis die Suche eines Suchers ernsthaft beginnt — es spielt keine Rolle. Doch es ist vielleicht dieses Leben, in dem ein Sucher eingesteht: "Ich fühle, dass ich in der Vergangenheit viele Male gelebt habe. Ich bin vielleicht der Beste, der ich jemals gewesen bin, aber ich will mehr. Viel mehr."

"Ich will nach Hause"

Ein Kind, das wir um der Privatsphäre willen Debra nennen, wurde mit einer Muskelenge am Magenausgang geboren. Die Ärzte wussten nicht, ob sie die Erkrankung mit der Zeit überwinden würde. Während Debras ganzer Kindheit hatten ihre Eltern sie Fremden gegenüber mit den Worten vorgestellt: "Unsere Tochter wurde mit einem Magenleiden geboren. Sie behält das Essen nicht gut bei sich."

Negative Kommentare wie dieser bürdeten der Jugend dieses armen Kindes eine zusätzliche Last auf.

Eines Tages erreichte das Problem einen Höhepunkt. Debras Eltern fanden sie, als sie blau anlief, und schafften sie auf dem schnellsten Weg in ein Krankenhaus. Durch Glück und göttliche Gnade kam sie durch. Die behandelnden Ärzte prognostizierten, dass die Muskelenge am Magen, die sie behoben hatten, in Zukunft keine weiteren Probleme bereiten würde.

Nun hatte Debras ältere Schwester eine höllische Freude daran, sich über sie lustig zu machen. Kurz nachdem Debra aus dem Krankenhaus gekommen war, brach ihre Schwester einen Streit vom Zaun. Die Familienregeln hielten das ältere Mädchen davon ab, das jüngere körperlich zu schlagen, doch verbale Ausfälle und Schimpfworte taten das ihre. Sie hinterließen keine sichtbaren Narben. An diesem bestimmten Tag wurde das jüngere Mädchen einfach der Schikanen müde und wandte sich gegen ihre Schwester. Sie verdrosch ihre Peinigerin. Außer sich vor Zorn rannte die Ältere zu ihrem Vater und erzählte es ihm. Die salomonische Weisheit besaß er nicht, also schickte er Debra auf ihr Zimmer.

Debra war dabei, sich von einer schweren Erkrankung zu erholen, ihre Schwester hatte den Streit angefangen, aber sie ist diejenige, die in ihr Zimmer verbannt wird. Sie lag weinend auf dem Bett, niedergeschmettert von dieser Ungerechtigkeit.

"Ich will nach Hause", weinte sie, "ich will nur nach Hause." In einem spirituellen Sinn sagte ihr Herz: "Ich will nach Hause zu Gott, weil ich so unglücklich bin."

Jeder von uns ist Seele. Einst lachten und sangen wir in den hohen Himmeln von Gottes reinem Licht und Ton — beim Spiel im Park. Aber ohne die Disziplin oder Notwendigkeit, anderen zu dienen, dienten wir (Seele) uns selbst. Also sandte uns Gott zur Erde, um die reiche Erfahrung des Lebens in einer Welt der Dualität zu machen, um uns an Extremem wie Hitze und Kälte, Reichtum und Armut oder Liebe und Hass zu erfreuen und darunter zu leiden. Das alles geschah, um die wahre Natur der Liebe zu lernen.

Das ist unsere Aufgabe. Die erste große Lektion ist es zu lernen, uns selbst zu lieben.

Als daher die junge Debra weinte: “Ich will nach Hause; ich will nur nach Hause”, flehte sie in einem spirituellen Sinn. In ihrem tiefsten Elend strömte die schwache, aber nicht ausgelöschte Erinnerung des einstigen Zuhauses der Seele in sie. Sie erinnerte sich, dass ihr wahres Zuhause nicht auf der Erde war. Sie war nur auf der Durchreise.

Nimm das Leben, wie es ist

Als Debra den Klang ihrer eigenen Worte hörte, ließ sie schlagartig von ihrem Selbstmitleid ab und kehrte in ihren menschlichen Käfig zurück, zeitlose Zeitalter — und doch einen bloßen Herzschlag — von der Glückseligkeit im Herzen Gottes entfernt.

Ich bin zu Hause, wurde ihr bewusst.

Dieses Mal meinte sie nicht ihr himmlisches Zuhause, sondern die Erde. Die harte, erbarmungslose Erde, bar jeder Fürsorge.

“Ich bin so sehr zu Hause, wie es mir hier möglich ist”, sagte sie laut. “Es wird hier nicht besser werden. Also kann ich genauso gut meine Tränen trocknen und

Pläne für den Tag machen, an dem ich alt genug bin auszuziehen." Da hörte sie auf zu weinen. Eine entscheidende Erkenntnis hatte sich in ihr Bewusstsein eingeschlichen: Die Lebensbedingungen zu Hause mochten vor sich hin dümpeln, aber, um die Wahrheit zu sagen, sie waren durchaus innerhalb der Grenzen des Erträglichen. Daraus ergab sich die Notwendigkeit, ihren Platz im Leben zu akzeptieren.

Was für eine wichtige Erkenntnis für ein Kind!

Die Hand Gottes

Debra wuchs heran, heiratete und ertrug Härten, die zu einer sich formenden Reife führten. Der Verlust ihres erstgeborenen Sohnes, die um ein Haar auseinander gebrochene Ehe und anderer Kummer dieser Art brachten sie an den Rand hoffnungsloser Verlassenheit.

Eines Tages suchte sie deprimiert und mutlos Zuflucht in einer Kirche. Der Katholizismus war der Glaube ihrer Jugend. Nun hatte sie den Tiefpunkt erreicht. In der Kirche war eine Gebetsstunde im

Gange, und Gläubige um sie herum murmelten sanfte Gebete. In diesem Moment, als sie in den Tiefen der Verzweiflung versunken war, fühlte sie, wie sich eine tröstende Hand auf ihre Schulter legte. Sie schlug überrascht die Augen auf. Sie sah sich um, um die Berührung dieser sanften Seele zu segnen, aber ihre weit geöffneten Augen fanden nur leere Luft. Es stand niemand in der Nähe.

In einer Weise könnte man sagen, es war die Hand Gottes in der Person eines göttlichen Boten. Gott Selbst — in ECK sagen wir weder Er noch Sie — steigt nicht in das menschliche Theater herab, um sich im üblichen Sinn unter den Menschen zu bewegen.

Doch die Gottheit sendet spirituelle Boten, die oft als Engel, Heilige und dergleichen wahrgenommen werden. Debra wurde das innerhalb eines Herzschlages bewusst. Ein Schutzengel hatte in der Tat eine Hand der erneuten Zuversicht und des Trostes auf sie gelegt.

Debras Geschichte ist ein wundervolles Beispiel, wie auch Sie einen sanften

Hinweis vom Heiligen Geist (ECK) erfahren können, der Ihnen auf Ihrer Reise heim zu Gott hilft.

Noch bevor sie die Kirche verließ, wusste sie, dass ein Geschenk der Gnade sie mit einer besonderen Segnung berührt hatte. Dieser außergewöhnliche Augenblick der Erkenntnis war die Versicherung einer uralten Wahrheit: Das Leben ist mehr als ein Zufallsweg. Eine göttliche Gegenwart hatte ihr Gnade erwiesen. Als Katholikin, die eher auf dem Boden der physischen Seite des Lebens als auf der mystischen Seite stand, war sie von solch einer Erkenntnis der Gnade überrascht. Sie war durch die Berührung einer sanften, wenn auch unsichtbaren Hand gekommen.

Ewigkeit hier und jetzt?

Die Jahre vergingen. Nach einiger Zeit gebar Debra einen zweiten Sohn, den wir Jim nennen. Als er herangewachsen war, interessierte er sich für Spirituelles. Debra tat das auch, obwohl die Prüfungen des Lebens offene Wunden hinterlassen hatten, die zur Heilung mehr Zeit benötigten. Sie war, was Religion anbetraf, immer noch vorsichtig.

Doch ihre Sichtweise hinsichtlich ihres nächsten spirituellen Schrittes war kindlich. Die Intuition flüsterte ihr zu, dass, wenn ein Schüler bereit ist, der Meister erscheint und die daraus folgende Verbindung eine höchst natürliche ist. Hatte sie denn nicht schon jahrelang darauf gewartet, den nächsten Schritt zur Wahrheit zu entdecken, nachdem sie vor so langer Zeit in der Kirche die Hand auf ihrer Schulter gefühlt hatte? Was war schon ein weiterer Monat oder ein weiteres Jahr?

Jim allerdings nahm, mit all dem Überschwang und der Ungeduld der Jugend, einen direkteren Weg. “Ewigkeit jetzt!”, sagte er.

Eines Tages las er ein ECK-Buch, an dessen Ende eine Telefonnummer verzeichnet war. “Was liest du?”, fragte Debra. “Hier steht etwas über Ewigkeit hier und jetzt”, antwortete er. “Ich werde dort anrufen und mal sehen, was ich herausfinden kann.”

Eine angenehme, fröhliche Stimme war am Apparat. Ein ECKist erzählte ihm von einem kommenden Treffen, bei dem jemand mehr über die ECK-Lehre erklären würde.

“Da gehe ich hin”, sagte er seiner Mutter.

Obwohl sie außer dem Katholizismus jeder anderen religiösen Lehre gegenüber misstrauisch war, entschloss sie sich ihn zu begleiten, um sicherzugehen, dass niemand ihren Liebling ausnutzte. “Mutter, bitte”, sagte er, “mach bloß keine Szene.” Jim konnte sich vorstellen, dass sie der Gruppe wütende Anschuldigungen entgegen schleudern würde. Er bot einen Kompromiss an.

“Wenn du versprichst, mich nicht in eine peinliche Situation zu bringen, kannst du mitkommen.”

* * *

Also zogen sie los. Fast am Schluss des Informationstreffens zur Lehre von ECK wandte sich ein Sprecher an die Gruppe. “Um Ihnen eine bessere Vorstellung davon zu vermitteln, wovon ich spreche”, sagte er, “möchte ich Sie alle gerne einladen, mit mir HU zu singen.” Dann begannen er und die anderen, sehr sanft HU zu singen.

HU ist ein uralter, heiliger Name für Gott. Sie können es zu Hause singen. Setzen oder legen Sie sich einfach an einen ruhigen Platz und singen Sie HU (ausgesprochen wie "hju"). Dieses uralte Lied lässt die Stimme Gottes als Liebe, Licht oder Ton in Sie eintreten.

Das Licht und der Ton Gottes sind integrale Bestandteile der göttlichen Liebe, die nur wenige kennen. Als Zwillingssäulen von Gottes Liebe sind sie die Hauptpfeiler der ECK-Lehre. Tatsächlich reiten die spirituellen Reisenden von ECK mittels Seelenreisen außerhalb des Körpers auf ihnen und in die kosmischen Meere, wie ein Wellenreiter, der auf den Wellen des Ozeans reitet. Diese Methode ist ein direkter Weg, um Liebe, Weisheit und spirituelle Freiheit zu finden.

* * *

Debras Gedanken drifteten zurück zu einem Zeitpunkt vor drei Jahren bei einem Renaissance-Fest. Astrologie und viele andere Pfade hatten dort ausgestellt.

In einem kleinen Raum, in den Menschen zum Meditieren kamen, stand eine Kristallschale. Der Gastgeber hatte einen Stab mit einer Gummispitze am Rand der Schale entlang geführt und dabei einen erhabenen, beruhigenden Ton erzeugt. Er war ganz wunderschön und heilend.

* * *

Bei diesem ECK-Treffen hörte Debra also den anderen zu, wie sie HU sangen. *Dieser Ton, dieser Ton!* Wo hatte sie ihn schon gehört? Plötzlich dämmerte es ihr: Er war wie dieser beruhigende Ton bei dem Fest. Der langsam am Rand der Kristallschale entlanggeführte Stab mit der Gummispitze hatte ebenfalls diesen Ton des HU, des uralten Namens für Gott, ergeben.

Sie erfuhr, dass eine Audiokassette eines HU-Gesangs beim ECK-Treffen erhältlich war. Voller Aufregung kaufte sie eine. Das überraschte Jim. "Was machst du da, Mutter? Du kaufst doch nie solche Sachen."

Sie erzählte ihm von dem gleichen wundervollen Ton, den sie einmal bei dem

Renaissance-Fest gehört hatte. Sie wollte ihn einfach noch einmal hören.

Eine Reise zum ECK-Tempel

Mutter und Sohn wurden Mitglieder von Eckankar. Kurz danach wurde der Tempel von ECK in Chanhassen, Minnesota, einem Vorort von Minneapolis, eröffnet. "Lass uns nach Minnesota fahren und uns diesen Ort ansehen", sagte Jim.

"Ja", stimmte sie zu. "Vielleicht haben wir dort ein großartiges Erlebnis."

In ihrem Herzen wusste sie, dass es so sein würde.

Diese Begebenheit ließ eine schwache Erinnerung aus ihrer Kindheit aufflackern, als sie auf ihrem Bett geschluchzt hatte: "Ich will nach Hause. Ich will nur nach Hause." Sie verstand nicht, was sie damals gemeint hatte, und verstand es heute sogar noch weniger.

Also fuhren sie von der Ostküste aus mit einem jämmerlich überholten Stadtplan von Minneapolis los. Die vielen Veränderungen seit der Veröffentlichung des Plans hatten ihn beinahe nutzlos werden lassen. Bei der Ankunft in der Umgebung von Chanhassen fragten sie einen jungen Tankwart nach dem Weg zum ECK-Tempel.

“Hab ich noch nie gehört”, sagte der Jugendliche.

Als sie wieder auf der Straße waren, folgten sie einem ihnen unbekannten Weg zur Ortsmitte von Chanhassen und waren sicher, dass sie den ECK-Tempel in der Nähe finden würden. Aber um die Sache noch komplizierter zu machen, war die Dämmerung leise über sie hereingebrochen. Dann, als sie die Hauptstraße hinunterfuhren, überkam Debra ein Déjà-vu-Gefühl. Sie brachte den Wagen mitten auf der Straße zum Stehen.

“Mutter!”, sagte Jim. “Was machst du?”

Vor Verwunderung am Steuer zur Salzsäule erstarrt, antwortete sie: “Ich war schon einmal hier!”

Vor vielen Jahren hatte ein sich wiederholender Traum diesen Besuch in einer Kleinstadt vorhergesagt, in der der Winter das ganze Jahr lang zu dauern schien. Bis auf eine kurze Spanne, die die Einheimischen Sommer nennen, passt die Beschreibung auf Minnesota.

In ihren Träumen war sie an einem Eisenwarengeschäft vorbeigegangen und dann sah sie die Rathausuhr. Die Szene war immer die gleiche. Sie pflegte mit einem Gefühl von Träumen aufzuwachen, die wirklicher waren als das Leben im Wachzustand. Und doch hatte sie sie bis zu genau diesem Abend vergessen.

"Ich war schon einmal hier!", wiederholte sie. Der Verkehr, der sich hinter ihnen staute, zwang sie weiterzufahren. Einige Minuten später fanden sie den Tempel von ECK nahe dem Stadtrand.

Dieser ECK-Tempel ist ein ganz besonderer Ort. Er ist ein äußeres Zeichen für den heiligen Tempel Gottes im Herzen aller Menschen. Seine Besucher stellen oft eine Präsenz dort fest — eine sehr bestimmte, liebevolle, göttliche Präsenz. Der Tempel reflektiert und schwingt mit Licht und Ton Gottes, und viele Menschen erwähnen dieses Gefühl, an einem einzigartigen, heiligen Ort zu sein.

Die großartige Erfahrung?

Mutter und Sohn parkten den Wagen, betraten den ECK-Tempel und nahmen im Tempelraum Platz. Debra saß in stiller Erwartung da und fragte sich: *Wann werde ich mein großartiges Erlebnis haben?* Gerade als der Gedanke sich formte, sagte eine sanfte Stimme aus dem Nichts: "Was willst du eigentlich? Musst du von einem Lastwagen überfahren werden?"

Sie hatte das Déjà-vu, das sie vor einigen Minuten gehabt hatte, bereits vergessen.

* * *

Jemand fragte mich einmal: "Wie finden die Menschen in ECK gewöhnlich die Wahrheit?" Er meinte: Schlägt sie wie eine Bombe ein?

Ja, es könnte eine Erfahrung sein, die die Emotionen und Gefühle tief aufwühlt. Doch häufiger entgeht ihre Subtilität den Menschen. Also verpassen sie sie. Vor noch nicht einmal einer Stunde hatte Debra ein wunderbares Erlebnis gehabt, sich anhand von wiederkehrenden Träumen, die Jahre zurücklagen, in der tatsächlichen Stadt zurechtzufinden. Das war die “großartige Erfahrung”.

Große Skeptiker und Zweifler kommen oft am weitesten auf dem Pfad zu Gott. Jemand mag fragen: “Gibt es Hoffnung für mich? Mit diesem Gotteskram kann man mir nicht kommen.” Kein Problem, lassen Sie sich Zeit, denn alle Sucher müssen in ihrem eigenen Tempo voranschreiten.

Aber eine Wahrheit, die ich Ihnen geben kann, ist das Wort *HU* und die spirituellen Übungen, um Gott zu finden. Doch deren Erfolg hängt von Ihnen ab. Können Sie einige Minuten am Tag damit verbringen, Ihr Herz für den Heiligen Geist zu öffnen? Die spirituellen Übungen mit Liebe und Leidenschaft durchzuführen? Einige Augenblicke lang Ihren ganzen Verstand und Ihr ganzes Herz einer solchen Selbstdisziplin zu widmen?

Wenn die Antwort ja ist, ist es unausbleiblich, dass Sie Fortschritte auf Ihrer Suche nach den geheimen Gesetzen des Lebens machen. Die Geheimnisse von heute werden morgen keine Geheimnisse mehr sein.

Einige Töne Gottes

Nachdem Debra Mitglied von Eckankar geworden war, erfuhr sie die Bedeutung eines summenden Tons, den sie jahrelang gehört hatte. Dieser Ton ist nur einer von den Tönen Gottes. Er hört sich an wie ein Schwarm Bienen und hat seinen Ursprung auf der ätherischen Ebene, der Region des unbewussten Verstandes. Diese Ebene liegt jenseits der Mentalebene und ist die höchste der spirito-materiellen Welten. Jenseits von ihr liegt die Seelenebene, die erste der wahren spirituellen Welten.

Sie bemerkte diesen summenden Ton von der ätherischen Ebene, weil dies die Bewusstseinsebene war, die sie in vergangenen Leben erreicht hatte. Ihr nächster spiritueller Schritt war die Seelenebene. Sie hatte sich in diesem Leben von früh an wieder mit der ätherischen Ebene verbunden, wie dieser summende Ton bewies.

Es gab einen weiteren Ton.

Dieser war wie der hohe, durchdringende Klang eines einzelnen Musikinstruments. Obwohl er im Ohr nicht schmerzte, stieg er höher hinauf, schwang sich über den Wahrnehmungsbereich des menschlichen Hörens hinaus und hob sie auf neue spirituelle Gipfel. Dieser durchdringende Klang? Noch eine weitere Variante der Stimme Gottes. Alle, die solche göttlichen Klänge hören, erleben eine Reinigung des Geistes und die Segnungen des Allerhöchsten. Ein Atemzug wahrer Freiheit.

Die Stimme Gottes ist der Heilige Geist in seinen beiden Manifestationen von Ton und Licht. Für uns ist die bedeutendere der beiden der Ton.

Das Fernsehen und die Druckmedien behandeln das Licht, von dem Menschen häufig nach einer Nahtod-Erfahrung berichten, ausgiebig. Das Licht ist oft die frühere der beiden Manifestationen, die sich zeigt, daher äußern sich mehr Menschen über diesen Aspekt des Heiligen Geistes. Der Ton kommt häufig später.

Unsere Aufmerksamkeit liegt hier auf dem Ton. Es kann sich anhören wie ein himmlischer Chor, wie ein großartiges Orchester oder vielleicht ein Gregorianischer Gesang aus mittelalterlichen Zeiten. Auch dabei gehören zu seinen Echos solche

Regungen der Natur wie entfernter Donner, das Rascheln von Blättern, das Zirpen einer Grille, das sanfte Atmen eines Liebenden oder das Miauen eines Kätzchens.

Der Ton Gottes hebt Sie auf neue spirituelle Höhen.

Jeder heilige Ton entspricht einer Ebene oder Unterregion Gottes, der sich mit genau Ihrer spirituellen Ebene verbindet. Diese Töne, die in vielen ECK-Büchern und ECK-Kursen aufgelistet sind, sind wie Wegmarken. Ein bestimmter Ton ist ein wertvoller Hinweis auf die Bewusstseinsebene, die Sie in einem vergangenen Leben erreichten, oder er spiegelt Ihren jetzigen göttlichen Standort wider.

Dieses Leben ist eine kostbare Gelegenheit, Ihre wahre Bestimmung wieder zu erwecken. Der Weg von ECK ist der nächste Sprung, um die Geheimnisse des Lebens zu entwirren.

Die Stimme Gottes

Was sind der Ton und das Licht Gottes? Was bedeuten sie?

Das Licht und der Ton sind die Stimme Gottes, der Ausdruck der Liebe Gottes für uns. Sie machen das Gesamte der Liebe Gottes aus. Zusammen sind sie das, was die Religion den Heiligen Geist nennt.

Indem wir vom Licht sprechen, sagen wir: “Ja, es gibt so etwas wie das Licht Gottes. Es ist tausendmal heller als jede Sonne, oder es kann sanfter sein als das Licht eines goldenen Mondes.”

Das Licht Gottes erleuchtet Ihr gesamtes Wesen, innen und außen.

Andere Töne Gottes auf den inneren Ebenen können sich wie Musikinstrumente, Vögel, Chöre, Maschinen, das Meer, hohe Pfeiftöne, ein Murmeln oder Brausen von Wind oder Wasser anhören. Vielleicht das Erklingen freudigen Lachens. All dies sind heilige Töne.

Ein Wort, das hilft, Ihr Herz für Gottes Liebe zu öffnen, ist *HU*. Es ist ein alter, ehrwürdiger Name für Gott.

Wirkliche Liebe in Licht und Ton

Manche, die ECKisten vom Licht und Ton Gottes erzählen hören, denken an bekannte Begriffe wie Gnade, Glaube oder Liebe. Aber ein unbekümmerter Gebrauch hat diese Worte ihrer wahren Bedeutung beraubt. Der Ton und das Licht Gottes sind die Essenz des Heiligen Geistes anstatt einer Beschreibung Seiner Eigenschaften wie Gnade, Glaube oder Liebe.

Sie sind das Wahre.

Der Ton und das Licht Gottes sind tatsächliches Licht, das leuchtet, und tatsächlicher Ton, der durch alle Welten hindurch widerhallt. Sie tragen das Leben.

Für viele Sucher erscheint zuerst das Licht in einer Seiner vielen Formen. Oft zeigt Es sich im Traumzustand. Manche sehen Es als ein blaues Licht in Form einer Kerze oder Kugel, als ein gelbes oder rosafarbenes Licht, ein grünes, violettes oder weißes Licht. Weiß spiegelt beispielsweise die Reinheit von Gottes Liebe wider; blau zeigt die Liebe des Mahanta, der auch der Innere Meister genannt wird. Gelb ist eine reine spirituelle Farbe. Rosa ein Hinweis darauf, dass Gottes Licht Ihre Emotionen oder Gefühle auf der Astralebene berührt.

Welche Farbe es auch immer ist, Es ist eines der vielen Zeichen von Gottes Liebe für Sie. Es ist eine Versicherung göttlicher Gnade.

Es ist für jeden eine verwandelnde Präsenz.

Also, was meinen Sie? Ist das Leben nur ein Zufallsweg? Ist Ihr spirituelles Leben dem Zufall überlassen? Oder ist unser Leben ein spiritueller Weg in Übereinstimmung mit einer natürlichen Ordnung oder einem natürlichen Rhythmus, wie Debra feststellte?

* * *

Die spirituellen Reisenden von ECK ziehen in den kosmischen Welten umher. Sie entdeckten ihre eigene Bestätigung über das Leben als eine Reise, die von einer göttlichen Hand geführt wird, und leben jetzt in Gottes Ton und Licht. Das können auch Sie. Der größte der spirituellen Reisenden war einst ein Sucher, vielleicht wie Sie.

Und was kann man dabei erlangen? Eine Sicherheit von Führung im Leben — und Liebe.

Hier ist eine spirituelle Übung zum Ausprobieren, wenn Sie das Licht oder den Ton Gottes erfahren möchten:

Schließen Sie die Augen und schauen Sie in das Spirituelle Auge. (Es liegt zwischen den Augenbrauen in der Mitte der Stirn.) Singen Sie HU (wie "hju"), ein uralter Name für Gott, eines der kraftvollsten Worte für spirituelle Anhebung, das ich Ihnen geben kann.

Während Sie HU singen, lauschen Sie, ob Sie einen heiligen Ton hören. Er kann auf ganz verschiedene Weise vernommen werden: wie der Klang eines rumpelnden Zuges, eines zwitschernden Vogels, von summenden Bienen, einer lieblichen Flöte oder sogar von beruhigenden Gitarren. Er bringt Freude und Staunen mit sich.

Die heiligen Töne sind das kreative Wirken der Lebenskraft, des ECK, wenn Es in den unsichtbaren Welten Atome bewegt. Der Klang, der Ihre Ohren erreicht, ist der Widerhall Ihres Bewusstseinszustandes.

Während Sie HU singen, stellen Sie sich

vor, dass der heilige Ton Gottes wie ein Wasserfall funkelnden, reinen Wassers auf Sie herabfällt. Er reinigt die Makel des Geistes. Dieser Tonstrom kann auch eine Einsicht in Ihr vergangenes Verhalten gewähren, das heute die Wurzel eines aktuellen Problems ist.

Der Ton eröffnet einen geheimen Weg zu den Freuden der Liebe und Gnade. Sie finden Frieden, Freude und spirituelle Freiheit.

Sie stehen an einem Scheideweg. Wollen Sie einen mutigen Blick auf das Licht und den Ton Gottes als die allerhöchste spirituelle Führung werfen?

Wenn ja, dann sind Sie bereit für die wunderschöne und kraftvolle Lehre von ECK. Sie bietet den direktesten Weg zu Weisheit, Macht und Freiheit. Und zur Liebe, dem kostbarsten Geschenk von allem.

Lassen Sie uns anfangen.

Für kostenlose, unverbindliche Informationen können Sie uns erreichen unter

- www.eckankar.org
- 001 952 380 2222 (nur auf Englisch)
- ECKANKAR, P.O. Box 27300, Minneapolis, MN 55427 U.S.A.

Weitere Informationen unter:

www.eckankar.de
Telefon 06104-670 90 04

www.eckankar.at
Telefon 01-7150 999

www.eckankar.ch
Telefon 0800 55 92 92

Glossar

Worte, die in kleinen Grossbuchstaben erscheinen, werden an anderer Stelle in diesem Glossar erklärt.

Ebenen. Die Ebenen der Existenz wie die physische Ebene, die Astral-, Kausal-, Mental-, ätherische Ebene und die Seelenebene.

ECK. Die Lebenskraft, der Heilige Geist oder Hörbare Lebensstrom, der alles Leben erhält.

ECKANKAR. Religion von Licht und Ton Gottes. Auch als die uralte Wissenschaft des Seelenreisens bekannt. Eine wahrhaft spirituelle Religion für den Einzelnen in der modernen Zeit. Die Lehre bietet einen Rahmen für jeden, der die eigenen spirituellen Erfahrungen erforschen möchte. Von Paul Twitchell, dem Gründer in unserer Zeit, 1965 herausgebracht. Das Wort bedeutet "Mitarbeiter Gottes".

ECK-Meister. Spirituelle Meister, die die Menschen bei ihren spirituellen Studien und

Reisen unterstützen und beschützen. Die ECK-Meister gehören einer langen Linie von SEELEN mit Gottrealisation an, die um die Verantwortung wissen, die mit spiritueller Freiheit einhergeht.

HU. *HJU* Der älteste, geheime Name für Gott. Das Singen des Wortes HU wird als Liebeslied an Gott aufgefasst. Es kann laut oder still für sich gesungen werden.

LEBENDER ECK-MEISTER. Der Titel des spirituellen Führers von ECKANKAR. Seine Aufgabe ist es, Seelen zurück zu Gott zu führen. Der Lebende ECK-Meister kann seine spirituellen Schüler im Physischen als der Äußere Meister, im Traumzustand als der Traummeister und in den spirituellen Welten als der Innere Meister unterstützen. Sri Harold Klemp wurde 1981 der MAHANTA, der Lebende ECK-Meister.

MAHANTA. Ein Titel, der die höchste Stufe des Gottbewusstseins auf der Erde beschreibt, oft im LEBENDEN ECK-MEISTER verkörpert. Er ist das Lebendige Wort. Ein Ausdruck des Geistes Gottes, der immer bei Ihnen ist.

SEELE. Das Wahre Selbst. Der innere, allerheiligste Teil jedes Menschen. Die Seele existiert vor der Geburt und lebt nach dem Tod des physischen Körpers weiter. Als ein Funke Gottes kann die Seele alle Dinge sehen, wissen und wahrnehmen. Sie ist das kreative Zentrum ihrer eigenen Welt.

SEELENREISEN. Die Erweiterung des Bewusstseins. Die Fähigkeit der SEELE, über den physischen Körper hinauszugehen und in die spirituellen Welten Gottes zu reisen. Seelenreisen wird nur vom LEBENDEN ECK-MEISTER gelehrt. Es unterstützt die spirituelle Entfaltung der Menschen und kann Beweise der Existenz Gottes und des Lebens nach dem Tod zugänglich machen.

SPIRITUELLE ÜBUNGEN VON ECK. Das tägliche Ausüben bestimmter Techniken, um mit Licht und Ton Gottes in Berührung zu kommen.

SRI. Ein Titel spirituellen Respekts, ähnlich wie Hochwürden oder Pastor, der für diejenigen benutzt wird, die das Reich Gottes erreicht haben. In ECKANKAR ist er dem MAHANTA, dem LEBENDEN ECK-MEISTER, vorbehalten.

TON UND LICHT VON ECK. Der Heilige Geist. Die zwei Aspekte, durch die Gott in den niederen Welten in Erscheinung tritt. Sie können durch inneres Betrachten und Hören und mit SEELENREISEN erfahren werden.

Weiteres Lese- und Studienmaterial

Das lebendige Wort,

Buch 1 und 2

Harold Klemp

Wussten Sie, dass es eine göttliche Kraft gibt, die Sie durch die Herausforderungen führen kann, denen Sie täglich im Leben gegenüberstehen? Entdecken Sie, wie Sie mit der Macht der göttlichen Liebe in Ihrem Leben Verbindung aufnehmen und sie entfesseln können. Die Einsichten und Techniken, die in diesen Büchern enthüllt werden, können Ihnen zeigen, wie Sie ein spirituell besserer Mensch werden können — und das ab heute.

Wie man Gott findet

Harold Klemp

Hier können Sie lernen, die Führung zu erkennen und zu deuten, die wir alle vom Göttlichen Geist in alltäglichen Ereignissen *bereits erhalten* und die uns zu innerer Freiheit, Liebe und göttlicher Führung leitet. Der Autor gibt uns spirituelle Übungen, die physisch, emotional, mental und spirituell anheben, und übermittelt einen Laut, HU, der eine Umwandlung bewirken und zu inneren Anhebung gesungen werden kann.

Frage den Meister, Buch 2

Harold Klemp

Als ein spiritueller Führer für unsere Zeit erhält Sri Harold Klemp, der Mahanta, der Lebende ECK-Meister, von Tausenden auf der ganzen Welt Briefe. Ihre Fragen sind schwierig. Aber Sri Harold gibt mitfühlende, unumwundene und manchmal überraschende Antworten.

Seine Antworten sprechen zum Herzen, zur Seele. Sie helfen Ihnen, das Wirken der Liebe Gottes in Ihrem täglichen Leben zu erkennen. Seine Aufgabe ist es, Ihnen zu zeigen, wie Sie die spirituelle Stärke gewinnen, sich den Herausforderungen der heutigen Welt mit Hilfe der uralten Weisheit von Eckankar zu stellen.

Die Spirituellen Übungen von ECK

Harold Klemp

Dieses Buch ist eine Treppe mit 131 Stufen. Es ist eine ganz besondere Treppe, denn Sie müssen nicht alle Stufen gehen, um oben anzukommen. Jede Stufe ist eine spirituelle Übung, eine Möglichkeit, wie Sie die inneren Welten erforschen können. Und was erwartet Sie oben? Das Tor zu spiritueller Freiheit, Selbstmeisterschaft, Weisheit und Liebe.

Wer sind Sie? Warum sind Sie hier? 35 goldene Schlüssel zu diesen Fragen

Linda C. Anderson

Entdecken Sie 35 goldene Schlüssel, um Ihre spirituelle Bestimmung durch die uralte Lehre von Eckankar, der Religion von Licht und Ton Gottes, zu meistern. Die dramatischen, wahren Geschichten in diesem Buch sind allem, was man heute in der sprituellen Literatur findet, ebenbürtig. Erfahren Sie, wie Sie sofort mehr Liebe, Frieden und Sinn in Ihr Leben bringen können.

Im Buchhandel erhältlich. Falls nicht, rufen Sie in den USA die Nummer 001(952)380-2222 an. Oder schreiben Sie an: ECKANKAR, Dept. BK36, P.O. Box 27300, Minneapolis, MN 55427 U.S.A.

Weitere Informationen unter:

www.eckankar.de
Telefon 06104-670 90 04

www.eckankar.at
Telefon 01-7150 999

www.eckankar.ch
Telefon 0800 55 92 92

Vielleicht gibt es eine Eckankar-Studiengruppe in Ihrer Nähe

Eckankar bietet dem spirituellen Sucher eine Reihe örtlicher und internationaler Aktivitäten. Mit hunderten von Studiengruppen in aller Welt ist Eckankar auch in Ihrer Nähe! Viele Gegenden haben Eckankar-Center, wo Sie in einer ruhigen Umgebung und ohne Druck die Bücher durchblättern können, mit anderen, die ebenfalls an dieser uralten Lehre interessiert sind, sprechen können und wo Sie an neu beginnenden Gesprächsklassen teilnehmen können, die sich mit dem Thema beschäftigen, wie man die Eigenschaften der Seele erwirbt: Weisheit, Macht, Liebe und Freiheit.

In aller Welt veranstalten Eckankar-Studiengruppen besondere eintägige oder Wochenend-Seminare über die grundlegende Lehre von Eckankar. Für Information über eine Mitgliedschaft besuchen Sie die Eckankar-Website (www.eckankar.org). Klicken Sie auf "Other Eckankar Web Sites", um zu erfahren, wo sich das Eckankar-Center oder die Eckankar-Studiengruppe befindet, die für Sie am nächsten liegt, und Sie gelangen zu einer Liste der Gegenden mit Websites. Sie können auch in Ihrem Telefonbuch unter **ECKANKAR** nachsehen; rufen Sie in den USA an unter der Nummer 001 952 380 2222, NSt BK36; oder schreiben Sie an **ECKANKAR; Att: Information, BK36, P.O. Box 27300, Minneapolis, MN 55427 U.S.A.**

☐ Bitte senden Sie mir Informationen über das nächste Eckankar-Center oder die nächste Eckankar-Studiengruppe in meiner Gegend.

☐ Bitte senden Sie mir weitere Informationen über die Mitgliedschaft in Eckankar, die ein zwölfmonatiges spirituelles Studium beinhaltet.

Bitte mit Schreibmaschine oder in Blockschrift ausfüllen:

Vor-/Nachname

____

Straße & Nr.

____

Postleitzahl & Ort

____

Staat/Land

____

Über den Autor

Sri Harold Klemp wurde in Wisconsin geboren und wuchs auf einem kleinen Bauernhof auf. Er besuchte eine ländliche Volksschule mit zwei Klassen, bevor er auf die High School an einem konfessionellen Internat in Milwaukee, Wisconsin, kam.

Nach einem Theologiestudium in Milwaukee und Fort Wayne, Indiana, meldete er sich zur U.S. Air Force. Dort wurde er als Sprachenspezialist auf der Universität von Indiana und als Funküberwacher bei der Goodfellow AFB in Texas ausgebildet. Es folgte ein zweijähriger Einsatz in Japan, wo er zum ersten Mal mit Eckankar in Berührung kam.

Im Oktober 1981 wurde er der spirituelle Führer von Eckankar, der Religion von Licht und Ton Gottes. Sein voller Titel ist Sri Harold Klemp, der Mahanta, der Lebende ECK-Meister. Als der Lebende ECK-Meister ist Harold Klemp für die kontinuierliche Weiterentwicklung der Lehre von Eckankar verantwortlich.

Seine Aufgabe ist es, den Menschen zu helfen, in diesem Leben ihren Weg zurück zu Gott zu finden. Harold Klemp reist zu ECK-Seminaren in Nordamerika, Europa und im Südpazifik. Er hat auch Afrika und viele Länder in der ganzen Welt besucht, um spirituellen Suchern zu begegnen und anhebende Vorträge zu halten. Von seinen öffentlichen Vorträgen gibt es viele Video- und Tonbandkassetten.

In seinen Vorträgen und Schriften hat Harold Klemps Sinn für Humor und sein praktischer Umgang mit spirituellen Dingen vielen Menschen in der ganzen Welt dabei geholfen, Wahrheit und mehr innere Freiheit, Weisheit und Liebe in ihrem Leben zu finden.

International Who's Who of Intellectuals
Ninth Edition